IMMER EIN ASS IM ÄRMEL

Sinnvolle Lückenfüller für den Deutschunterricht

60 Rätsel, Denkanstöße und Spielideen

Ingrid Semmelmann

Verlag an der Ruhr

Impressum

Titel
Immer ein Ass im Ärmel.
Sinnvolle Lückenfüller für den Deutschunterricht
60 Rätsel, Denkanstöße und Spielideen

Autorin
Ingrid Semmelmann

Umschlagmotive und Motive im Innenteil
Spielkarten: © bsd studio – stock.adobe.com,
Icons: © smx12 – Shutterstock.com, Illu Stift: Anja Boretzki

Druck
AZ Druck und Datentechnik GmbH, Kempten, DE

Verlag an der Ruhr
Mülheim an der Ruhr
www.verlagruhr.de

Geeignet für die Klassen 5–10

ISBN 978-3-8346-6504-1

Disclaimer:
In diesem Buch werden digitale Tools von Drittanbieter*innen erwähnt und bezüglich ihrer didaktischen Eignung für den Unterricht empfohlen. Die angegebenen Links führen zu den Angeboten dieser Drittanbieter*innen. Die dort aufgeführten Inhalte entziehen sich daher dem Einfluss von Verlag und Autorin, die nicht verantwortlich für die Richtigkeit und Rechtmäßigkeit dieser Inhalte sind. Sämtliche Links dienen ausschließlich der Zugangserleichterung und Zusammenfassung zu den Drittangeboten – der Verlag macht sich diese Angebote nicht zu eigen.
Zum Zeitpunkt der Drucklegung wurden die entsprechenden Tools der Drittanbieter*innen auf ihre didaktische Eignung im Unterricht sowie auf offensichtlich rechtswidrige Inhalte geprüft. Eine fortlaufende Prüfung dieser Drittinhalte auf ihre Rechtmäßigkeit und Aktualität ist dem Verlag nicht möglich.
Die Prüfung der jeweiligen Nutzungsbedingungen und Vorgaben solcher Drittinhalte sowie die Zulässigkeit einer Verwendung im Unterricht obliegt der jeweiligen Lehrkraft bzw. der Schule.

Inhaltsverzeichnis

Rechtschreib- & Grammatikspiele | 57

Spiele mit Bewegung | 73

Wortspiele | 89

Buchstabenspiele | 103

Konzentration & Knobelei | 115

Vorwort

Liebe Deutschlehrer*innen[1],

die folgenden 60 Lückenfüller können Sie spontan und unkompliziert in Ihren Unterricht einbauen. Es bedarf keinerlei Vorbereitung und auch der Materialaufwand ist gering. Sollte Material vonnöten sein, wird das durch dieses Icon angezeigt. Für viele Aktionen reichen Papier und Stifte aus.

Sie können die vorgestellten Spiele auf vielfältige Unterrichtssituationen des Deutschunterrichts und auf nahezu alle Lernbereiche übertragen. Die vorgestellten Ideen können auch variabel in den einzelnen Unterrichtsphasen (beispielsweise als Ein- oder Ausstieg, zur Erarbeitung oder Festigung) gewinnbringend eingesetzt und thematisch an den Unterrichtsinhalt angepasst werden.

Viele Ideen eignen sich auch sehr gut für den DaZ- bzw. DaF-Unterricht oder für Fördergruppen, um beispielsweise den Grundwortschatz zu festigen oder zu erweitern.

Jeder Lückenfüller ist gedacht für 5- bis 10-minütige Konzentrations- oder Aktivierungsphasen. Sollten sich Ihre Schüler*innen intensiver mit einem Projekt beschäftigen wollen, können sie mehrere Unterrichtsstunden hintereinander immer wieder häppchenweise daran arbeiten.

---

[1] Der Verlag an der Ruhr legt großen Wert auf eine geschlechtergerechte und inklusive Sprache. Daher nutzen wir neutrale Formulierungen oder das Gendersternchen, um alle Menschen unabhängig von Geschlecht oder Geschlechtsidentität einzuschließen.

Mein Tipp an Sie: Legen Sie sich einen kleinen Vorrat an Zeitschriften und Zeitungen an. Da diese die Grundlage für verschiedene Aktionen bilden, können Sie bei Bedarf schnell darauf zurückgreifen.

Ich wünsche Ihnen viel Freude beim sinnhaften Füllen von Unterrichtslücken und Ihren Schüler*innen viel Spaß beim Spielen und Experimentieren mit Sprache.

Ingrid Semmelmann

Kreatives Schreiben

Der perfekte Tag!

Darum geht's

Bei einem Blick zurück können wir für die Zukunft lernen: Die Schüler*innen reflektieren einen Tag, der in der Vergangenheit liegt, und formulieren ihn in einen perfekten Tag um.

 Stift und Papier für alle

So geht's

Die Lernenden wählen einen der drei vergangenen Tage aus und notieren in Form eines Tagebucheintrages stichpunktartig den Tagesverlauf. Um nun die „Knackpunkte" herauszuarbeiten, wird der Tag mittels folgender Fragen reflektiert:

1. Gab es Situationen, mit denen ich unzufrieden war?
2. Was hätte ich anders machen können?
3. Was hat mich geärgert?
4. Wann hätte ich Nein sagen sollen?
5. Hätte ich mehr Pausen oder Zeit gebraucht?

Die Schüler*innen überlegen sich mögliche Handlungsalternativen, indem sie die Fragen kurz beantworten und so den Tag gewinnbringend reflektieren.

Beispiel

Schritt 1: Tagesablauf grob notieren
„Ich bin um halb sieben aufgestanden und habe mich dann im Bad zurechtgemacht. Da ich spät dran war, hatte ich für ein Frühstück keine Zeit. Bereits auf dem Weg zur Schule hatte ich Hunger und war deshalb schlecht gelaunt."
Schritt 2: Tagesreflexion mittels Frage(n)
Was hätte ich anders machen können?
Schritt 3: Mögliche Handlungsalternativen überlegen

- ✗ früher aufstehen, um Zeit zum Frühstücken zu haben
- ✗ ein kleines Frühstück für den Schulweg bereits am Vortag einpacken
- ✗ die Zeit im Bad besser planen

Hinweis

Die Methode der Tagesreflexion hilft dabei, fokussierter durch den Alltag zu gehen. Außerdem bietet sie die Möglichkeit, über sich selbst nachzudenken, sich selbst besser kennenzulernen und dieses Wissen für die Zukunft zu nutzen.

Variante

Der Fokus kann auch bewusst auf die gelungenen Elemente des Tages gelegt werden. Die Leitfrage wäre dann: „Warum war dieser Tag perfekt?"

2

Abrakadabra, Simsalabim!

Darum geht's

Wie schön wäre es, wenn wir Zauberkräfte besitzen würden! In ihrer Vorstellung verwandeln sich die Schüler*innen in ein Wunschtier und notieren, was sie in Tiergestalt erleben.

 Stift und Papier für alle

So geht's

Beginnen Sie die Aktion mit der folgenden Hinführung:
„Stell dir vor, du besitzt magische Kräfte und kannst dich in ein Tier verwandeln. Wähle ein Tier aus und beschreibe, was du in der Gestalt des Tieres machen würdest. Beginne deine Beschreibung mit einem selbst erfundenen Zauberspruch."
Die Schüler*innen schreiben ihre Geschichte auf.

Beispiel

„Abrakadabra, Simsalabim!
Als ich meine Augen öffnete, lag ich in einem weichen Bett aus Stroh. An meinem Körper entdeckte ich mein Fell und die zahlreichen schwarzen Punkte darauf. Beim Aufstehen wollten meine vier Beine fest am Boden stehen bleiben und ich konnte meinen Oberkörper nicht aufrichten. Neben mir

erblickte ich eine ganze Herde von Tieren, die alle genauso aussahen wie ich. Ich machte mich auf den Weg und erkundete die große Weide. Ich kostete das saftige Gras und ließ mir die Sonne auf den Rücken scheinen. Es war herrlich!"

Hinweis

Weisen Sie Ihre Klasse darauf hin, die Tierart in der Geschichte nicht zu nennen. So haben die Mitschüler*innen nach dem Vorlesen die Möglichkeit, das Tier zu erraten.

Originelle Würfelgeschichten

Darum geht's

Die Schüler*innen erfinden originelle Geschichten. Grundlage dafür sind ausschließlich Begriffe, die gewürfelt werden.

Stift und Papier für alle, je ein Würfel für zwei Schüler*innen

So geht's

Geben Sie zwei bis drei der folgenden Kategorien vor: Hauptperson, Nebenfigur, Schauplatz, wichtiger Gegenstand, … Im Plenum sammeln Sie für jede Kategorie sechs beliebige Begriffe und nummerieren diese gut sichtbar für alle mit „1“ bis „6“. Die Lernenden würfeln nun für jede Kategorie einmal.
Aus den gewürfelten Begriffen entwickeln die Schüler*innen eine Geschichte und notieren diese: Je kreativer, umso besser!

Beispiel

	Hauptperson	wichtiger Gegenstand
1	Ehepaar	goldene Uhr
2	Gespenst	Brille
3	Polizist	Brief
4	Radfahrer	Schlüssel
5	Forscher	Blume
6	Urlauberin	Ast

Variante

Um den Schwierigkeitsgrad zu erhöhen, können Sie eine konkrete Textsorte (Zeitungsbericht, Märchen, Kurzgeschichte ...) als Schreibgrundlage vorgeben.
Beim Verfassen beachten die Schüler*innen die Merkmale der gewählten Textsorte.

Mein Zuhause

Darum geht's

Die Schüler*innen verfassen einen ansprechenden Werbetext über ihren Wohnort.

 Stift und Papier für alle

So geht's

Die Schüler*innen notieren stichpunktartig, durch welche Besonderheiten sich ihr Wohnort auszeichnet (Sehenswürdigkeiten, Radwege, unberührte Natur, Einkaufsmöglichkeiten, Freizeitmöglichkeiten wie Spielplätze oder ein Freibad ...). Darüber verfassen sie einen kurzen Werbetext, den sie mit folgendem Satzanfang beginnen: „An meinem Wohnort gefällt mir besonders, dass ..."

Variante

Statt dem Wohnort kann auch der Ort gewählt werden, an dem die Jugendlichen geboren wurden.
Folgende Leitfragen können dann behilflich sein:
Gibt es Erinnerungen an deinen Geburtsort? Kennst du den Ort nur aus Erzählungen? Machst du regelmäßig Urlaub dort? Welche Sehnsüchte verbindest du mit diesem Ort?

Tierwohnung gesucht!

Darum geht's

Die Schüler*innen lassen ihrer Fantasie freien Lauf und verfassen eine lustige und fantasievolle Wohnungsanzeige für ihr (Lieblings-)Tier.

Stift und Papier für alle

So geht's

Angelehnt an Wohnungsanzeigen in einer Tageszeitung oder im Internet schreiben die Schüler*innen eine witzige Annonce für das ausgewählte Tier. Folgende Leitfragen sollten dabei beantwortet werden:

- ✗ Wo möchte das Tier wohnen? (Stadt, Land, Wald, See …)
- ✗ Wie groß ist die Tierfamilie, die einziehen wird?
- ✗ Wie groß sollte die Wohnung sein?
- ✗ Welche Ausstattung sollte die Wohnung haben?
- ✗ Wie viel sollte die Wohnung kosten?
- ✗ Ab wann wird die Wohnung benötigt?

Varianten

Die Mitschüler*innen können das wohnungssuchende Tier erraten, wenn es in der Anzeige nicht genannt wird.
Der Kreativität sind keine Grenzen gesetzt: So können auch Texte zu Fantasietieren erfunden werden.

6

Schnellschreibgeschichten

Darum geht's

Die Schüler*innen erfinden innerhalb einer vorgegebenen Zeit eine kuriose Unsinn-Geschichte. Grundlage dafür sind gesammelte Wörter zu ihren Namen.

Stift und Papier für alle, Sanduhr (alternativ Stoppuhr)

So geht's

Die Schüler*innen bilden ein Akrostichon zum Vornamen. Bei kurzen Vornamen kann entweder der Nachname oder ein zweiter Vorname ergänzt werden. Dazu werden die Buchstaben untereinander aufgeschrieben, wobei jeder Buchstabe nun den Anfangsbuchstaben für ein neues Wort (festgelegt auf eine Wortart oder frei) bildet. Zu den gesammelten Begriffen überlegen sich die Schüler*innen im Anschluss eine Geschichte.
Auf die Plätze, fertig, los: Die Zeit läuft!
Als Zeitvorgabe für den Schreibprozess bieten sich zwei oder drei Minuten an.

Beispiel (festgelegt auf Verben)

J jagen
U umfallen
L liegen
I interessieren
A arbeiten

Meine Katze hat gestern eine Maus **gejagt**. Die Maus lief so schnell und ausdauernd, bis meine Katze vor Erschöpfung **umgefallen** ist. Jetzt **liegt** die Katze da und wird von der Maus ausgelacht. Das **interessiert** die Katze aber nicht. Sie ist viel zu müde und kann heute nicht mehr **arbeiten**.

Hinweis

Diese Aktion hat eher experimentellen Charakter. Es geht nicht um ein ansprechendes Ergebnis, sondern vielmehr um den Schreibprozess: Unter Zeitdruck zu arbeiten, ist nämlich sehr mühsam. Durch die Fokussierung auf den Text erreicht man aber oft auch großartige Ergebnisse.

Variante

Es kann im Vorfeld festgelegt werden, ob die gesammelten Begriffe beliebig verwendet werden dürfen oder ob die Reihenfolge, die der Name vorgibt, eingehalten werden muss.

Wutwörter-Wortwolke

Darum geht's

Die Schüler*innen erweitern ihren Wortschatz auf kreative Art und Weise: Aus Begriffen, die mit Wut (oder einer anderen Emotion) zu tun haben, werden Wortwolken gebildet.

 Stift und Papier für alle

So geht's

Zuerst zeichnen die Schüler*innen den Umriss einer Wolke mit Bleistift auf ein Blatt. Anschließend wählen sie eine Emotion aus (Angst/Furcht, Glück/Freude, Wut, Traurigkeit, Neugier, Überraschung, Ekel, Verachtung etc.), die im Zentrum der Wolke aufgeschrieben wird. Weitere Begriffe, die mit der ausgewählten Emotion zu tun haben, werden in der Wolke notiert. Eine unterschiedliche Gewichtung der Wörter kann dabei angezeigt werden, indem z. B. stärker gewichtete Wörter größer geschrieben oder auf andere Weise hervorgehoben werden.

Hinweis

Eine Wortwolke kann generell als Methode zur Visualisierung von Informationen eingesetzt werden (beispielsweise bei der Textarbeit oder bei der Wortfeldarbeit).

Variante

Sie können die Wortwolken auch mithilfe eines (mobilen) Endgeräts erstellen lassen. Wenn Sie im Internet die Stichworte „Wortwolke erstellen" eingeben, finden Sie kostenlose Seiten, mit denen Wortwolken ganz einfach generiert werden können.
Die Lernenden benötigen dann mindestens paarweise ein internetfähiges (mobiles) Endgerät.

8

Autobiografie einer Suppenkelle

Darum geht's

Die Schüler*innen schlüpfen in die Rolle eines Alltagsgegenstandes und formulieren einen kurzen Ausschnitt aus dessen Autobiografie.

 Stift und Papier für alle

So geht's

Zunächst wählen die Schüler*innen einen beliebigen Alltagsgegenstand aus. Sie versetzen sich in diesen Gegenstand hinein und überlegen, was er erlebt haben könnte. So wird ein Ausschnitt aus der Lebensgeschichte des gewählten Gegenstandes entwickelt und (in Partnerarbeit) notiert.

Beispiel

„Ich hasse diesen Sommer. Seit Tagen liege ich in dieser dunklen Schublade. Immer wenn sie einen kleinen Spalt weit geöffnet wird, hoffe ich auf meinen großen Einsatz. Aber nichts! Ich werde einfach ignoriert. Dann holen die Hände die Grillzange neben mir oder das Salatbesteck über mir heraus. Und mich packt eine unendliche Sehnsucht nach einem kalten Herbsttag mit einer deftigen und dampfenden Kartoffelsuppe. Ich sehne mich danach, dass ich endlich aus dieser ungemütlichen Schublade geholt werde, um in die cremige Suppe einzutauchen, die mich wohlig warm umhüllt."

Variante

Es kann auch ein Gegenstand vorgeben werden, über den die Klasse (eventuell in Partner- oder Gruppenarbeit) schreibt.

Posten, liken, chatten

Darum geht's

Jugendliche tauschen sich regelmäßig in sozialen Netzwerken aus. In dieser Übung werden Texte oder Textauszüge analog zur Diskussion gestellt.

Stift und Papier für alle, Kleber, Zeitungsausschnitte

So geht's

In 2er-Teams wählen die Schüler*innen einen Artikel oder Auszug aus einer Zeitung aus. Dieser wird auf ein leeres Blatt geklebt und abwechselnd mit Kommentaren versehen. Wie auf Social-Media-Plattformen ist Posten, Liken, Kommentieren und natürlich auch die Verwendung von Emoticons erlaubt! Die Diskussion ist eröffnet; wichtig ist dabei, dass der Austausch ausschließlich auf Papier erfolgt.

Hinweis

Sie können diese Form der Diskussion auch gut im Aufsatzunterricht einsetzen, um beispielsweise Argumente für eine Erörterung zu sammeln.

Mit Sprache spielen

Abb.: © Jon Le Bon – stock.adobe.com

10

Schnipsel-Poesie

Darum geht's

Beim Durchblättern alter Zeitschriften oder Zeitungen entwickeln die Schüler*innen Ideen für eigene Texte.

alte Zeitschriften oder Zeitungen, Schere, Kleber, weißes Papier für alle

So geht's

Zunächst blättern die Schüler*innen Zeitschriften durch und schneiden beliebige Begriffe, Wortgruppen oder Formulierungen aus, die ihnen ins Auge stechen. Die Schnipsel werden dann sortiert und zu neuen Wortgruppen oder Sätzen angeordnet. Sollte beim Experimentieren und Ausprobieren auffallen, dass noch Wörter fehlen, können die Lernenden im nächsten Schritt gezielt in den Zeitschriften danach suchen oder auch handschriftlich ergänzen. Das Endergebnis soll ein (für die Schüler*innen) sinnhafter Text sein.

Beispiel

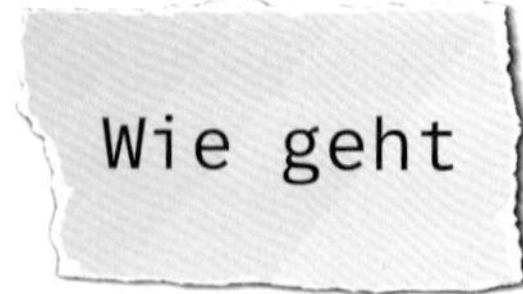

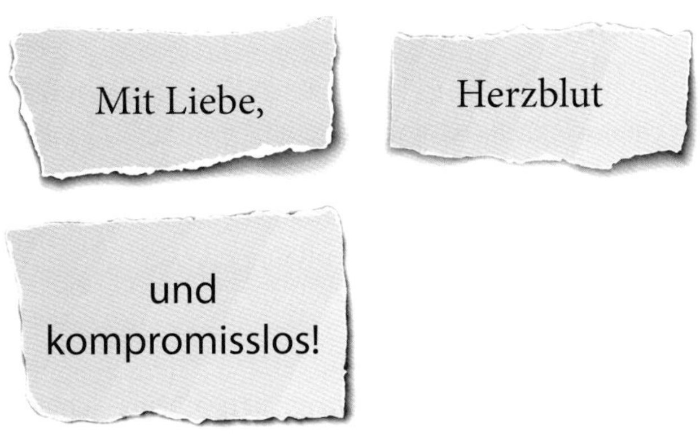

Hinweis

Die Cut-up-Technik (deutsch: Schnitttechnik) ist eine literarische Technik, die aus den 1920er-Jahren stammt. Dabei wird ein Text zerschnitten und neu angeordnet, um einen neuen Text zu erstellen.

Variante

Statt einen Text völlig frei zu entwickeln, kann auch ein übergeordnetes Thema vorgegeben werden, zu dem der neu entworfene Text inhaltlich passen soll.

Spickzettel im Kopf

Darum geht's

Eselsbrücken helfen dabei, Lerninhalte besser zu erinnern. Die Lernenden entwickeln eigene Gedächtnishilfen zu einem aktuellen Unterrichtsinhalt (Fachbegriff, Lebensdaten eines Dichters, Rechtschreibphänomen).

 Stift und Papier für alle

So geht's

Stellen Sie Ihren Schüler*innen zunächst bekannte „Spickzettel im Kopf" vor oder sammeln Sie gemeinsam (z. B. „Wer nämlich mit ‚h' schreibt, ist dämlich.").
Grundsätzlich bieten sich folgende Herangehensweisen beim Erfinden neuer Eselsbrücken an:

- ✗ einen Merksatz aus Anfangsbuchstaben entwickeln
- ✗ spontane erste Assoziationen zu einem Begriff nutzen
- ✗ in Reimform dichten
- ✗ den Lerngegenstand in eine Geschichte verpacken

Lassen Sie die Schüler*innen anhand eines konkreten Unterrichtsgegenstandes paarweise Eselsbrücken erfinden und notieren.

Beispiel

Im Unterricht werden die vier Fälle besprochen. Um sich die Reihenfolge der lateinischen Fachbegriffe gut merken zu können, entwickeln die Lernenden (witzige) Sätze mit den entsprechenden Anfangsbuchstaben:

Nominativ
Genitiv
Dativ
Akkusativ
→ **N**ora **g**rüßt **d**ie **A**meisen.

Hinweis

Kreative Merkhilfen funktionieren deshalb so gut, weil man unpersönliche Fakten mit eigenen Erfahrungen verknüpft. So bleiben Lerninhalte besser im Kopf.
Je öfter Sie das Erfinden von Eselsbrücken mit Ihren Schüler*innen üben, umso schneller und kreativer wird es gelingen.

12

Klebezettel-Gedichte

Darum geht's

Die Schüler*innen entwickeln als Gruppe ein Gemeinschaftsgedicht.

Stift und Papier für alle, Klebezettel-Block, Bild aus einer Zeitung bzw. Zeitschrift

So geht's

Als Inspirationsquelle wird gut sichtbar für alle ein Bild gezeigt. Alle Schüler*innen bekommen fünf Klebezettel ausgeteilt und notieren spontane Assoziationen zum Bild. Auf diese Weise wird Wortmaterial gesammelt, um ein eigenes Gedicht zu entwickeln.
Jeweils vier bis fünf Schüler*innen (je nach Klassenstärke) bilden eine Gruppe und hängen ihre Klebezettel an einer Stelle im Klassenzimmer auf. Gruppenweise werden die Klebezettel so lange arrangiert, bis daraus ein Gedicht entsteht. Die gesammelten Begriffe können grammatikalisch angepasst werden, Verbindungswörter wie Konjunktionen, Artikel oder Pronomen dürfen ergänzt werden.
Es besteht nicht der Anspruch, dass das Gedicht sich reimt, und es müssen auch nicht alle gesammelten Wörter verwendet werden.

Hinweis

Diese Methode können Sie auch zum Sammeln von Schreibideen in den Aufsatzunterricht (Erzählen zu einem Bild, Schilderung, Erlebniserzählung) integrieren.

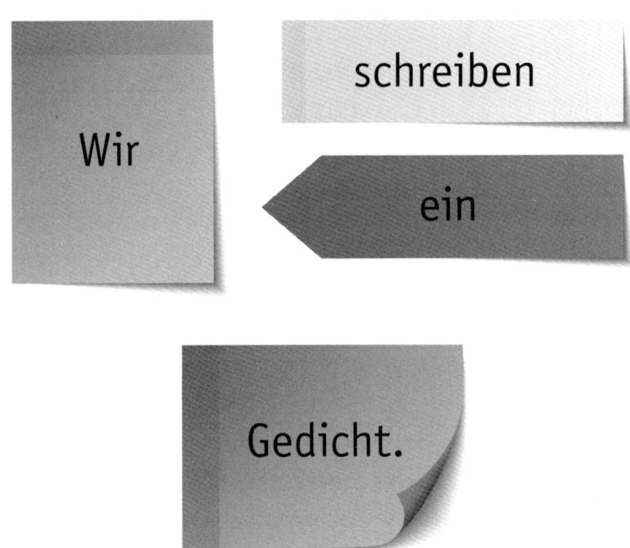

„Wer bin ich?"

Darum geht's

Detektivischer Spürsinn ist gefragt: Durch geschicktes Fragen ermitteln die Schüler*innen die gesuchte Person.

 Stift und Klebezettel für alle

So geht's

Zunächst wird eine Kategorie (Politiker*in, Prominente*r, Sportler*in, historische Persönlichkeit ...) festgelegt, aus der im Folgenden Personen ausgewählt werden. Die Schüler*innen bilden Kleingruppen und jedes Gruppenmitglied überlegt sich eine Person, die dann ein anderes Gruppenmitglied erraten muss. Der Name wird auf einem Klebezettel notiert und so auf die Stirn eines Gruppenmitgliedes geklebt, dass für ihn*sie geheim bleibt, welcher Name auf dem Zettel steht. Die Frage ist nun: „Wer bin ich?" Geraten wird im Uhrzeigersinn. Die Schüler*innen dürfen nur Fragen stellen, die mit Ja oder Nein beantwortet werden können.
Man darf so lange Fragen stellen, bis eine Frage mit Nein beantwortet wird. Dann ist das nächste Gruppenmitglied an der Reihe. Wer seine Person zuerst errät, gewinnt.

Beispiel

Kategorie: Sänger*in

Bei einer Gruppenstärke von fünf Mitgliedern wurden folgende Künstler*innen ausgewählt: Taylor Swift, Ed Sheeran, Billie Eilish, Wincent Weiss, Helene Fischer.

Mögliche Fragen, um auf die Lösung zu kommen, könnten jetzt sein:

- ✗ Bin ich eine Frau?
- ✗ Wohne ich in Deutschland?
- ✗ Bin ich schon länger bekannt?
- ✗ Bin ich verheiratet?
- ✗ Bin ich aktuell in den Charts vertreten?
- ✗ Hatte ich schon einmal einen Nummer-1-Hit?

Hinweis

Bei der Auswahl der Kategorie können beispielsweise auch Märchenfiguren oder die Hauptfiguren eines Romans verwendet werden. Ebenfalls möglich wäre es, Tiere oder Gegenstände auswählen zu lassen. Bei Letzterem müsste das Spiel „WAS bin ich?“ heißen.

14

Fantasiewörter

Darum geht's

Angelehnt an die Geschichte von Pippi Langstrumpf, die sich auf die Suche nach dem „Spunk" macht, erfinden die Schüler*innen Fantasiewörter und überlegen sich dazu eine Bedeutung.

 Zeitschriften, Papier, Schere, Stift für alle

So geht's

Um Ideen für mögliche Fantasiewörter zu entwickeln, bieten sich folgende Herangehensweisen an:

- ✗ Aus alten Zeitschriften werden bunte Buchstaben ausgeschnitten und zu neuen Wörtern zusammengefügt.
- ✗ Die Buchstaben des eigenen Vor- und Nachnamens werden so geschüttelt, dass ein neuer Begriff entsteht. Gerne können auch Buchstaben weggelassen werden.
- ✗ Wenn Sie in einer Internetsuchmaschine die Stichworte „Namensgenerator Zufall" eingeben, finden Sie kostenlose Online-Namensgeneratoren. Zur Durchführung benötigen Sie internetfähige Endgeräte und WLAN im Klassenzimmer.

Zum Schluss überlegen sich die Schüler*innen eine passende Bedeutung für ihr neu kreiertes Wort. Humor und Kreativität sind gefragt!

Beispiel

PENTOME → lilafarbene Melonenfrucht

Hinweis

Pippi Langstrumpf entdeckt das neue Wort „Spunk" erstmals 1945 in dem Buch von Astrid Lindgren. Sie macht sich auf die Suche nach der Bedeutung des Wortes und benennt zum Schluss einen metallisch glänzenden Käfer danach.

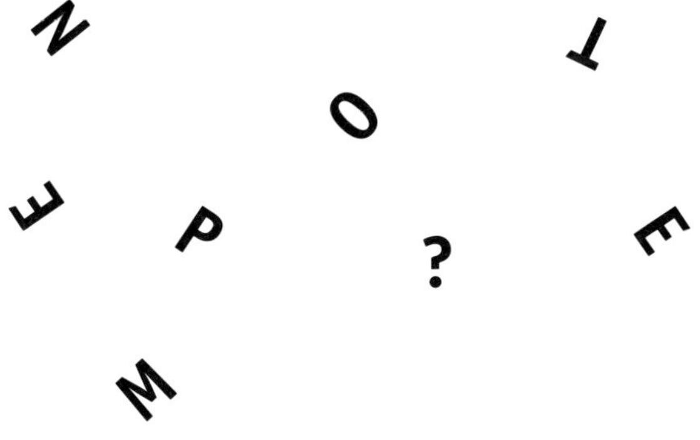

15

Emoticon-Märchenrätsel

Darum geht's

Die Schüler*innen übertragen über Jahrhunderte tradierte Märchentitel in die Neuzeit, indem sie sie in Emoticons übersetzen.

je ein internetfähiges Endgerät für zwei Schüler*innen

So geht's

Sammeln Sie im Plenum zunächst bekannte Märchen und notieren Sie die Titel für alle sichtbar. Im nächsten Schritt übersetzen die Schüler*innen diese zu zweit mithilfe der Endgeräte in eine passende Emoticon-Kombination.
Bei Märchentiteln, die man nicht direkt übersetzen kann, müssen die Lernenden besonders kreativ sein. Sowohl beim Übersetzen als auch beim Entschlüsseln muss manchmal um die Ecke gedacht werden.

Beispiele

Der Wolf und die sieben Geißlein

Brüderchen und Schwesterchen

 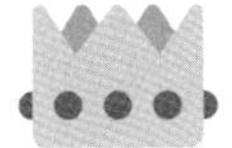

Der Froschkönig

Hinweis

Die Tastenkombination „Windowstaste“ + „.“ (Punkt) öffnet in Word die Emoticon-Tastatur.
In diesem Zusammenhang lohnt sich ein Blick auf Xu Bings „Emoji-Roman“: Das 2014 erschienene Werk ist der erste lesbare Roman, der ausschließlich aus Emoticons besteht. Der Autor bringt mit diesem Buch den Wunsch nach einer einzigen universell verstehbaren Sprache zum Ausdruck.

Variante

Auf die gleiche Weise können auch Buchtitel oder Geschichten (wenigstens teilweise) in Emoticons übersetzt werden.

16

Blackout Poetry

Darum geht's

Die Schüler*innen erschaffen aus einem bereits bestehenden Text ein neues Werk, indem sie die „Blackout Poetry"-Methode anwenden.

Stift und Papier für alle,
alte Zeitschriftentexte

So geht's

Die Schüler*innen wählen einen Text aus einer Zeitung aus. Weisen Sie Ihre Schüler*innen an, die Texte kurz zu überfliegen und den Fokus bewusst nur auf das Thema des Textes, einzelne Wörter oder Textpassagen zu setzen. Im nächsten Schritt markieren sie bestimmte Begriffe oder Textpassagen, die ihnen ins Auge stechen und nicht zwingend Schlüsselbegriffe des Textes sein müssen. Die Schüler*innen versuchen, aus den ausgewählten Wörtern einen kurzen Text (ca. ein bis drei Sätze) zu einem anderen Thema zu entwickeln. Fehlen noch Verbindungswörter, werden diese im Ausgangstext bewusst ausgewählt und markiert. Sind alle notwendigen Wörter umkreist, wird der restliche Text mit schwarzem Filzstift geschwärzt. Der geschwärzte Text kann, passend zum neuen Thema, verziert oder ausgestaltet werden.

Erzählen & Beschreiben

Bilddiktat

Darum geht's

Die Schüler*innen erfassen Informationen detailliert, beschreiben diese und geben sie korrekt wieder. Auf diese Weise werden gutes Zuhören und genaues Beschreiben trainiert.

 Stift und Papier für alle

So geht's

Alle Schüler*innen der Klasse malen innerhalb einer Zeitvorgabe ein Bild mit unterschiedlichen Symbolen und/oder einfachen Gegenständen auf ein DIN-A4-Blatt, wobei der Platz des gesamten Blattes ausgenutzt werden sollte.
Im Anschluss finden sich die Schüler*innen paarweise zusammen. Die beiden Personen sitzen dabei Rücken an Rücken. Jedes Paar bestimmt eine Person, die zeichnet, und eine Person, die beschreibt.
Die beschreibende Person erklärt so genau wie möglich, was auf ihrem Bild zu sehen ist. Der*die Maler*in setzt die Anweisungen des Mitschülers oder der Mitschülerin um und malt es auf die Rückseite des eigenen Blattes. Rückfragen sind nicht erlaubt. Nach einer vorher festgelegten Zeitvorgabe endet die Arbeitsphase und die beiden Bilder (Original und Kopie) werden miteinander verglichen.

Welche Unterschiede gibt es? Was konnte gut umgesetzt werden, wo gab es Probleme?
Im Anschluss werden die Rollen getauscht.

Hinweis

Wenn Sie diese Aktivität zum ersten Mal in einer Klasse einsetzen, sollte das Bilddiktat mit zwei Schüler*innen exemplarisch vor der Klasse durchgeführt werden.
Hat Ihre Klasse etwas Routine darin, kann die Übung auch in Partnerarbeit ausgeführt werden, sodass alle Schüler*innen parallel arbeiten.

Variante

Je nach Zeitkontingent können die Vorlagenbilder auch bunt gestaltet werden.

18

Witze-Duell

Darum geht's

Eine äußerst motivierende Möglichkeit, das Vortragen von Texten vor der Klasse zu trainieren: Die Schüler*innen erzählen ihren Lieblingswitz. Durch bewusstes Übertreiben können dabei spielerisch verschiedene paraverbale Mittel, wie Lautstärke, Sprechtempo und Stimmführung, ausprobiert werden.

So geht's

Jeweils zwei Schüler*innen erzählen ihren Lieblingswitz. Durch Handzeichen der Klasse wird pro Runde der beste Witz bzw. der*die beste Witzeerzähler*in ermittelt. Je nach Zeitkontingent können die Gewinner*innen erneut gegeneinander antreten.
Im Finale erzählen die zwei besten Schüler*innen erneut einen Witz. Sollte das Witzerepertoire nicht ausreichen, ist es auch denkbar, beide Finalist*innen denselben Witz (s. Beispiele) erzählen zu lassen. Wer den Witz am lustigsten präsentiert, gewinnt.

Beispiele

Eine alte Dame bietet dem Busfahrer Erdnüsse an. Er isst sie genüsslich und fragt dann die alte Frau, warum sie selbst keine esse. Sie antwortet: „Ich esse keine Erdnüsse, weil ich nicht mehr so viele Zähne habe".
Der Busfahrer fragt daraufhin: „Warum kaufen Sie denn dann welche?"
„Oh", antwortet die alte Dame, „ich mag die Schokolade drum herum."

Zwei Bären sitzen in ihrer Höhle und schauen zu, wie das Laub von den Bäumen fällt. „Irgendwann", sagt der eine, „lasse ich den Winterschlaf ausfallen und schaue mir an, wer im Frühling die Blätter wieder an die Bäume klebt."

Nach langer Zeit treffen sich zwei ehemalige Schulfreunde wieder. „Wo arbeitest du denn?"
„Beim Theater."
„Wow, dann ist ja richtig was aus dir geworden!
Was machst du da genau?"
„Ich verteile die Rollen."
„Das ist aber eine schwierige Aufgabe!"
„Ach nö, du. Ich muss nur aufpassen, dass immer in jedem Klo eine ist."

Hinweis

Tipps für einen guten Vortrag:

- rhythmisches Vortragen: Wörter, die vom Sinn her zusammengehören, sollten zusammenhängend vorgetragen werden.
- stimmungsvolles Vortragen: Beim Vortrag sollte sich der Klang der Stimme verändern.
- betontes Vortragen: Je nach Sinnzusammenhang sollten sich Geschwindigkeit und Lautstärke verändern.
- Gestik und Mimik einsetzen: Der Gesichtsausdruck kann an geeigneter Stelle verändert werden oder passende Stellen können pantomimisch umgesetzt werden.

Variante

Nach Lust und Laune können auch Scherzfragen präsentiert werden.

19

Der perfekte Pitch

Darum geht's

Die Schüler*innen strukturieren komplexe Sachverhalte und präsentieren diese in Form einer überzeugenden Verkaufsrede.

So geht's

Geben Sie einen Gegenstand vor oder lassen Sie die Lernenden selbst ein mögliches Verkaufsprodukt auswählen. Alle Dinge, die sich im Klassenzimmer befinden, sind als Verkaufsartikel denkbar (Stuhl, Stift, Schultasche, Rucksack ...).

Anhand folgender Leitfragen überlegen sich die Lernenden in Einzelarbeit oder zu zweit einen überzeugenden Pitch:

- ✗ Welches (alltägliche) Problem kann mein Produkt lösen?
- ✗ Warum ist meine Lösung besser als Lösungen, die es bereits gibt (Alleinstellungsmerkmal)?
- ✗ Wie groß ist der Markt für mein Produkt?
- ✗ Gibt es Konkurrenzartikel?
- ✗ Was kostet mein Gegenstand im Verkauf?
- ✗ Wie viel kostet die Produktion?

Es darf gerne übertrieben und auch ein bisschen geflunkert werden. Je nach Zeitkontingent können die Pitches vor der Klasse präsentiert werden.

„Es war einmal …"

Darum geht's

Aus dem Stegreif wird im Klassenverband ein Märchen erfunden. Damit der Handlungsverlauf inhaltlich stimmig bleibt, müssen alle genau zuhören.

So geht's

Im Plenum werden zunächst die Merkmale eines Märchens kurz besprochen und gesammelt:

1. Märchen erzählen Begebenheiten, die es in Wirklichkeit nicht gibt.
2. Häufig kommen wundersame Wesen (Feen, Zauberer etc.), fantastische Figuren (Riesen, Zwerge, Hexen etc.) oder sprechende Tiere (z. B. der Wolf bei Rotkäppchen) vor.
3. Es treten typische Figuren (König, Prinz, Stiefschwestern etc.) auf.
4. Oft enthalten Märchen sprachliche Formeln wie „Es war einmal …".
5. Gut und Böse treffen aufeinander.
6. Die Hauptfigur muss Prüfungen bestehen.
7. Am Ende siegt das Gute und das Böse wird bestraft.
8. Oft spielen magische Zahlen eine Rolle.

Danach legen Sie drei Begriffe fest, die für alle gut sichtbar notiert werden. Diese müssen im Märchen vorkommen. Anschließend geben Sie den Satzanfang „Es war einmal …“ vor. Der Reihe nach ergänzt jede*r Schüler*in, frei erfunden, einen Satz, der zum vorher Gesagten passt. Unter Berücksichtigung der Merkmale soll so gemeinsam ein neues Märchen entstehen.

Livestream

Darum geht's

Eine handlungsorientierte Möglichkeit, die Inhalte einer Unterrichtsstunde zu wiederholen: Die Schüler*innen schlüpfen in unterschiedliche Rollen und führen eine Pressekonferenz durch.

So geht's

Sammeln Sie stickpunktartig die Inhalte der letzten Unterrichtsstunde in Form eines Brainstormings und notieren Sie sie für alle sichtbar.
Bestimmen Sie eine Person, die die Rolle des Journalisten bzw. der Journalistin übernimmt. Diese stellt Fragen zur letzten Stunde.
Bestimmen Sie eine weitere Person, die die Rolle des Experten bzw. der Expert*in innehat und Fragen beantworten muss.
Der Rest der Klasse überprüft, ob die Fragen und Antworten von guter Qualität sind. So kann der Inhalt der letzten Stunde noch einmal wiederholt werden. Die gestellten Fragen dürfen hart sein, müssen aber fair bleiben.

Hinweis

Generell wird mit dieser Methode auf spielerische Weise das behandelte Unterrichtsthema wiederholt und gegebenenfalls sogar vertieft, weil auch Fragen gestellt werden können, die noch nicht explizit behandelt wurden.

Varianten

Die Aktion dient generell der Wiederholung von Unterrichtsinhalten: Sie kann zum einen als Einstieg in eine Stunde eingesetzt werden, um noch einmal die Inhalte der letzten Stunde aufzufrischen. Zum anderen würde sich das Abhalten einer Pressekonferenz auch am Ende einer Unterrichtsstunde als Zusammenfassung des Unterrichtsstoffes anbieten.

Ihre Route wird berechnet ...

Darum geht's

Eine Person beschreibt inhaltlich richtig und sprachlich präzise einen imaginären Weg durch das Schulgebäude. Die Mitschüler*innen folgen gedanklich und schulen dabei ihre Auffassungsgabe.

So geht's

Bestimmen Sie eine Person, die sich einen Weg durch das Schulgebäude überlegen soll. Startpunkt ist das Klassenzimmer, den Zielpunkt überlegt sich die beschreibende Person, verrät ihn jedoch zunächst nicht. Dann beginnt die Wegbeschreibung und der Rest der Klasse geht den Weg gedanklich mit.

Bei der Beschreibung sollen markante Bezugspunkte miteinbezogen werden. Dabei ist es wichtig, dass die beschreibende Person auf die richtige Reihenfolge achtet. Distanzen können durch die Angabe von ungefähren Schrittzahlen besser deutlich gemacht werden.

Am Ende der Beschreibung wird durch Abfrage des erreichten Zielpunktes überprüft, ob alle dem ausgedachten Weg folgen konnten.

Hinweis

Es können auch Karten mit der Route gezeichnet werden, die am Ende paarweise miteinander verglichen werden. So kann man herausarbeiten, wo die Knackpunkte waren. War die Wegbeschreibung ungenau? Habe ich mich nicht gut genug konzentriert?

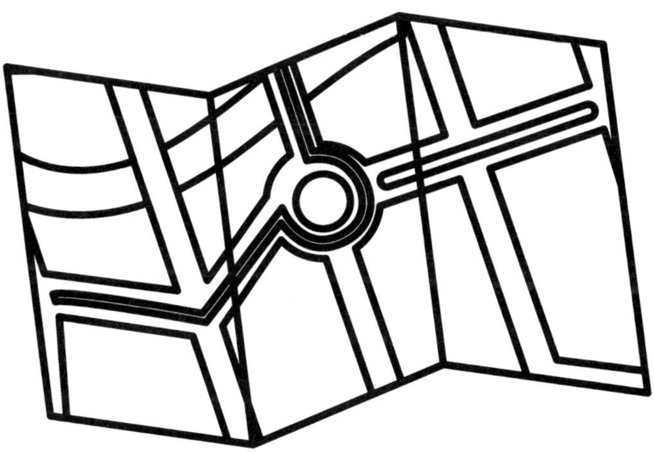

Gesucht wird …

Darum geht's

Die Lernenden beschreiben eine*n Mitschüler*in so detailliert wie möglich.

 Stift und Papier für alle

So geht's

Die Lernenden wählen eine*n Mitschüler*in aus, den*die sie stichpunktartig möglichst genau beschreiben. Der Name der gewählten Person bleibt geheim und kann im Anschluss an die Präsentation der Personenbeschreibung von der Klasse erraten werden. Geben Sie den Lernenden für die Personenbeschreibung eine Auswahl der folgenden Punkte an die Hand: (Selbstverständlich können diese Merkmale auch im Plenum gemeinsam gesammelt werden.)

- ✗ Beginne mit allgemeinen Angaben, wie Alter, Geschlecht, Größe.
- ✗ Beschreibe die äußeren Merkmale (Haarfarbe, Augenfarbe, Gesichtsform, Körper) von oben bis unten.
- ✗ Gehe auf besondere Kennzeichen ein (Brille, Schmuck, Sommersprossen …).
- ✗ Beschreibe schließlich die inneren Merkmale (Charakter, Verhalten, Talente …).

Hinweis

Weisen Sie die Lernenden ausdrücklich darauf hin, dass sie beschreiben, ohne zu bewerten oder zu beleidigen.

Varianten

Es können auch Personenbeschreibungen zu Bildern aus Büchern oder Zeitungen formuliert werden.
Möglich wäre es auch, Lehrpersonen zu beschreiben.
Es ist sinnvoll, dass mindestens ein Teil der Klasse die beschriebene Person kennt. So kann am Ende geraten werden, wer gesucht wird.

Abb.: © veronawinner – Shutterstock.com

„Ja"/„Nein"-Sperre

Darum geht's

Geschlossene Fragen dürfen nicht mit „Ja" oder „Nein" beantwortet werden. Die Schüler*innen müssen kreativ werden und nach alternativen Antwortmöglichkeiten suchen.

So geht's

Alle Schüler*innen stehen auf. Nacheinander bekommt jede*r von ihnen eine geschlossene Frage gestellt. Es ist nicht erlaubt, die Fragen mit „Ja" oder „Nein" zu beantworten. Wer eines der beiden verbotenen Wörter als Antwort verwendet, muss sich hinsetzen. Gewonnen hat, wer als Letzte*r steht!

Satzanfänge für mögliche Fragen:

- ✗ Warst du schon mal …?
- ✗ Magst du …?
- ✗ Bist du schon einmal …?
- ✗ Isst du gern …?
- ✗ Gehst du gern …?
- ✗ Interessierst du dich für …?

Jede gestellte Frage muss beantwortet werden.
Folgende Wendungen können benutzt werden.

- ✗ Sicher doch.
- ✗ Das ist richtig.
- ✗ Natürlich.
- ✗ Eher nicht.
- ✗ Das mag ich nicht.
- ✗ Ungern.

Diese Antwortmöglichkeiten können Sie der Klasse an die Hand geben oder im Gespräch gemeinsam erarbeiten.

Variante

Mit ein bisschen Übung können Sie die Rolle des*der Fragenstellenden auch an die Klasse abgeben. Neben den oben aufgeführten Regeln gilt bei der Variante zudem, dass der*die Fragensteller*in ausgetauscht wird, sobald diese*r versehentlich eine offene Frage gestellt hat.

Rechtschreib- & Grammatikspiele

A, B, C … und „Stopp!“

Darum geht's

Das bekannte Spiel „Stadt, Land, Fluss“ wird umgewandelt und mit einem Rechtschreib- oder Grammatikphänomen gespielt.

 Stift und Papier für alle

So geht's

Gemeinsam mit Ihrer Klasse überlegen Sie sich passende Kategorien für das Spiel und notieren diese gut sichtbar für alle in einer Tabelle. Diese übertragen die Schüler*innen auf ihr Blatt.
Je nach Unterrichtsthema könnten die einzelnen Rubriken heißen:

- ✗ Wörter mit ss, ß, Dehnungs-h, ie, Doppelkonsonanten …
- ✗ Wörter zu bestimmten Wortarten (Adjektiv, Verb, Nomen …)

Der Ablauf des Spiels erfolgt nach dem Vorbild des bekannten Klassikers: Ein*e Schüler*in beginnt damit, leise das Alphabet aufzusagen. Ein*e Mitschüler*in stoppt ihn*sie an beliebiger Stelle. Der entsprechende Buchstabe wird laut genannt und alle Lernenden füllen parallel ihre Tabellen mit passenden Wörtern zum gewählten Anfangsbuchstaben aus.

Wer alle Spalten gefüllt hat, ruft „Stopp!". Jetzt beginnt die Auswertung bzw. die Kontrolle der gefundenen Wörter. Eine Bepunktung zum Schluss ist optional.

Beispiel

Schreibung von Nomen mit bestimmten Endungen:

-heit	-keit	-ung	-nis	-schaft
Einheit	Ehrlich-keit	Ent-deckung	Erlaubnis	Erbschaft
Feinheit	Freund-lichkeit	Fügung	Finster-nis	Feind-schaft
Unwahr-heit	Unsicht-barkeit	Umge-bung	Unkennt-nis	Urheber-schaft

Silbenrätsel

Darum geht's

Die Schüler*innen erstellen und lösen eigenständig unterschiedliche Silbenrätsel, indem sie Wörter in Silben aufteilen und wieder zusammensetzen.

 Stift und Papier für alle

So geht's

Die Klasse wird in 2er-Teams aufgeteilt. Paarweise überlegen sich die Schüler*innen fünf möglichst lange Nomen und zerlegen diese in ihre einzelnen Silben. Jedes Team notiert die Wortbausteine durcheinander auf einem Zettel. Nun werden die Zettel unter den Teams ausgetauscht und ein anderes Team muss die Wörter wieder richtig zusammensetzen.
Die Beachtung von Groß- und Kleinschreibung ist auf dem Zettel mit dem Rätsel optional. In der Lösung muss die Rechtschreibung korrekt sein.

Beispiel

wie – ser – nen – cre – lie – was - schirm – ba - rat – de – ta – te – eis – ge – se – son – me – sche

Lösung: Sonnenschirm, Badetasche, Wasserratte, Eiscreme, Liegewiese

Hinweis

Wie im Beispiel vorgegeben, können Sie den Schüler*innen einen Oberbegriff (vielleicht auch passend zum Unterrichtsthema) vorgeben, zu dem die Begriffe gesammelt werden sollen. Variabel ist auch die Anzahl der Wörter. Je mehr Wörter zerlegt werden, umso schwieriger wird das Rätsel.

Wörterbuchdiktat

Darum geht's

Die Schüler*innen diktieren sich gegenseitig beliebige Wörter aus dem Wörterbuch.

Stift und Papier für alle, ein Duden oder Fremdwörterbuch für je zwei Schüler*innen

So geht's

Jedes Schülerpaar bekommt einen Duden (alternativ ein Fremdwörterbuch) ausgeteilt. Ein*e Schüler*in schlägt den Duden an einer beliebigen Stelle auf, wählt zufällig ein Wort aus und diktiert es; der*die andere schreibt. Im Anschluss wird das Wort gemeinsam kontrolliert. Jetzt werden die Rollen getauscht.

Variante

Der Schwierigkeitsgrad kann beliebig erhöht werden, indem beispielsweise mehrere Wörter aus dem Wörterbuch ausgewählt werden. Daraus soll ein grammatikalisch richtiger und vollständiger Satz gebildet werden, der diktiert wird. Treten Unsicherheiten bei weiteren Wörtern auf, die im Satz Verwendung finden, kann direkt im Duden nachgeschlagen werden.

Was fehlt?

Darum geht's

Diese Aktion eignet sich gut als Konzentrationsübung für zwischendurch: Die Schüler*innen prägen sich Wörter ein und erkennen dann, welches fehlt.

 10 Karteikarten, dicker Filzstift

So geht's

Zu einem vorgegebenen Oberbegriff (z. B. Fremdwörter) werden im Plenum maximal zehn Begriffe auf je einer Karteikarte notiert. Die zehn Wortkarten hängen Sie für alle gut sichtbar auf und die Schüler*innen prägen sich die Begriffe ein. Nach etwa einer Minute nehmen Sie zunächst alle Karten ab, bevor Sie danach eine Auswahl der Karten wieder aufhängen: Je mehr Wörter Sie weglassen, desto schwieriger ist die Aufgabe. Die Lernenden notieren auf einem Zettel am Platz, welche Begriffe fehlen. Die Ergebnisse werden im Plenum verglichen. So hat jede*r Schüler*in die Möglichkeit, einen Tipp abzugeben.

Hinweis

Diese Übung kann auch mit realen Gegenständen (Federmäppchen, Stifte, Lineal, Radiergummi …) durchgeführt werden.

Auf die Plätze, fertig, los!

Darum geht's

Hier sind Konzentration und Schnelligkeit gefragt: Die Schüler*innen schreiben einen vorgegebenen Text möglichst schnell und fehlerfrei ab.

kurzer Text (z. B. das Schulprofil der jeweiligen Schule), je ein internetfähiges Endgerät für zwei Schüler*innen

So geht's

Stellen Sie der Klasse einen kurzen, für alle gut lesbaren Text zur Verfügung. Teilen Sie die Klasse in 2er-Teams auf und händigen Sie jedem Team ein Endgerät aus. Ein Teammitglied diktiert den Text, das andere tippt ihn so schnell und fehlerfrei wie möglich ab.

Hinweis

Ein Siegerpaar kann auf folgende Weise gekürt werden: Zunächst werden die drei schnellsten Paare ermittelt, anschließend werden ihre Fehler gezählt. Das Schülerpaar, das am schnellsten war und die wenigsten Fehler gemacht hat, hat gewonnen.

Variante

Auch in unteren Jahrgangsstufen kann diese Aktion durchgeführt werden. Dann sollte der Text allerdings sehr kurz sein. Um den Schwierigkeitsgrad zu erhöhen, kann der Bildschirm (am einfachsten mit einem DIN-A4-Blatt) abgehängt werden. So sehen die Schüler*innen erst zum Schluss, welche Fehler sie gemacht haben, und können nicht zwischendurch korrigieren.

30

Spiele mit der Fliegenklatsche

Darum geht's

Eine Fliegenklatsche dient als Werkzeug zur spielerischen Auseinandersetzung mit Rechtschreib- und Grammatikthemen.

 2 Fliegenklatschen

So geht's

Die Klasse wird in zwei Teams aufgeteilt, die sich jeweils in einer Reihe aufstellen. Geben Sie der ersten Person in jeder Reihe eine Fliegenklatsche in die Hand. Dann geht es um Schnelligkeit in Kombination mit Wissen. An der Tafel stehen beispielsweise die Zeitstufen (der Reihe nach oder auch durcheinander je nach gewünschtem Schwierigkeitsgrad). Sie lesen geeignete Sätze (s. Beispiel unten) vor und die Schüler*innen bestimmen jeweils die verwendete Zeitstufe durch Abklatschen des richtigen Begriffs. Der*die Lernende, der*die an der Reihe war, gibt die Fliegenklatsche an die nächste Person weiter und stellt sich wieder hinten an. Es gewinnt das Team, das die meisten Begriffe abklatscht.

Beispiel

Notieren Sie folgende Begriffe für alle gut sichtbar:
Präsens, Präteritum, Perfekt, Plusquamperfekt, Futur I

Lesen Sie folgende Sätze der Reihe nach laut vor. Die Schüler*innen sollen die verwendete Zeitstufe nach oben beschriebenem Prinzip mit der Fliegenklatsche abklatschen.

Sätze	**richtige Zeitstufe**
In den Ferien werde ich meine Oma besuchen.	Futur I
Ich freue mich sehr darauf.	Präsens
Letztes Jahr war ich zusammen mit meiner Familie dort.	Präteritum
Wir hatten uns viel mit den Ponys beschäftigt.	Plusquamperfekt
Auch die Katzen streichelten wir regelmäßig.	Präteritum
Ich bin jeden Tag in den Stall gegangen.	Perfekt
Ich verbinde sehr schöne Erinnerungen mit diesem Urlaub.	Präsens

Varianten

Weitere Themengebiete könnten sein: Wortarten, „das" oder „dass", „s, ss oder ß", Aktiv oder Passiv etc.

Satzbaumeisterschaft

Darum geht's

Die Schüler*innen bekommen ein Gefühl für sprachliche Strukturen, indem sie Sätze spielerisch erweitern.

 Stifte und Wortkarten für alle

So geht's

Die Klasse wird in zwei Gruppen aufgeteilt. Geben Sie einen Satz (bestehend aus vier Satzgliedern) vor. Notieren Sie je eines der vier Satzglieder auf einer Wortkarte und verteilen Sie die Wortkarten an vier Schüler*innen pro Gruppe. Nun überlegen die Gruppen, wie sie den Satz sinnvoll (gerne lustig) erweitern könnten. Neben der Erweiterung von einzelnen Wörtern innerhalb der Satzglieder können die vorgegebenen Sätze auch um ganze Satzglieder (etwa um adverbiale Bestimmungen) erweitert werden, die dann auf je einer Wortkarte notiert und im Anschluss bestimmt werden. Dementsprechend viele Schüler*innen werden aus den jeweiligen Gruppen nachnominiert und mit je einem Wort, das auf einer Wortkarte notiert wird, betraut. So entsteht ein möglichst langer Satz. Welche Gruppe erweitert mit den meisten Wörtern?

Beispiele

Hannes | übergibt | Elif | Briefe.
Der kleine Hannes übergibt seiner Freundin Elif gelbe Briefe.

Im Zoo | wohnt | ein Tiger | mit Zähnen.
Im hiesigen Zoo wohnt ein großer Tiger mit riesigen Zähnen.

Tim | bringt | Tom | Tinte.
Der schlaue und freundliche Tim bringt dem interessierten und wissbegierigen Tom blaue Tinte.

Schmetterling, flieg!

Darum geht's

Bei dieser Übung handelt es sich um die absolut gewaltfreie Variante des bekannten Buchstabenspiels „Galgenmännchen".

So geht's

Passend zum Thema der letzten Stunde wählt ein*e Schüler*in ein Wort aus und macht für jeden Buchstaben des Wortes einen waagerechten Strich an die Tafel. Die Klasse versucht, das Wort zu entschlüsseln, indem der Reihe nach Buchstaben des Alphabets genannt werden. Beinhaltet das gesuchte Wort den gewählten Buchstaben, wird dieser an der richtigen Stelle im Wort eingesetzt. Bei falscher Nennung eines Buchstabens wird jeweils ein Detail am Schmetterling ergänzt. Verloren hat die Klasse, wenn der Schmetterling vollständig (mit Flügeln) gezeichnet ist.

Reihenfolge des zu zeichnenden Schmetterlings:

(1) Körper des Schmetterlings
(2) Kopf des Schmetterlings
(3) Fühler rechts
(4) Fühler links
(5) rechter Flügel
(6) Flügelpunkt oben
(7) Flügelpunkt unten

(8) linker Flügel
(9) Flügelpunkt oben
(10) Flügelpunkt unten

Abb.: Anja Boretzki

Wortarten-Champion

Darum geht's

Um die Ausdrucksfähigkeit spielerisch zu fördern, kann dieses Wortartentraining eingesetzt werden.

 Stift und Papier für alle

So geht's

Geben Sie einen Oberbegriff bzw. ein Thema vor und nennen Sie dazu eine Wortart. In Partnerarbeit sammeln die Schüler*innen passende Begriffe dazu. Die Ergebnisse werden im Plenum präsentiert. Wer findet die meisten Wörter?

Beispiele

Mögliche Oberbegriffe bzw. Themen, die vorgegeben werden können:

- ✗ Findet Adjektive für den Winter/Sommer/Herbst/Frühling.
- ✗ Findet Nomen, die Gegenstände aus dem Klassenzimmer bezeichnen.
- ✗ Findet Verben für Aktivitäten, die ihr gerne macht.
- ✗ Findet Nomen, die etwas Rundes/Gelbes/Dickes bezeichnen.

Spiele mit Bewegung

Silben-Twist

Darum geht's

Das Zerlegen von Wörtern in Silben verbessert die Lesefähigkeit und Rechtschreibleistung. Zu zweit studieren die Schüler*innen einen Merksatz zum Hüpfen ein. Die Silbentrennung mit dem Gummitwist stellt eine besonders motivierende Variante dar.

Merksatz, ausreichend Gummibänder,
Stift und Papier für alle

So geht's

Wählen Sie zunächst einen Satz aus (siehe Beispiel unten), der bearbeitet werden soll. Bilden Sie dann 2er-Teams. Jedes Team ermittelt die Silben der einzelnen Wörter und markiert die Silbengrenzen mit einem Stift. Bei Bedarf kann hier die sicherlich bekannte Methode, die einzelnen Silben zu klatschen, angewendet werden: Ein*e Schüler*in liest vor, der*die andere klatscht entsprechend mit. Jetzt kann der Text (noch ohne Gummitwist) am Platz gehüpft werden. Beim Silbenhüpfen mit dem Gummiband kann zunächst nur zwischen den Seilen hin- und hergehüpft werden. Später sind auch Variationen möglich (Beine auseinander, Gummi eindrehen usw.). Eine gemeinsame Präsentation der Ergebnisse auf freiwilliger Basis rundet die Aktion ab.

Beispiel

Merksatz zu den Kennzeichen eines Nebensatzes (alle drei Kennzeichen oder nur ein ausgewähltes):

Ein | Ne | ben | satz | er | gibt | al | lein | kei | nen | Sinn.

Er | wird | mit | ei | ner | Kon | junk | ti | on | ein | ge | lei | tet.

Die | ge | beug | te | Form | des | Prä | di | kats | steht | am | Satz | en | de.

Hinweis

Der Text sollte nicht zu lang sein, wenn die Übung zum ersten Mal durchgeführt wird.
Das Prinzip der Silbentrennung, das die Lernenden bereits aus der Grundschule kennen, wird hier mit Bewegung kombiniert. Diese spielerische Herangehensweise fördert zum einen das Sprachgefühl und leistet zum anderen einen Beitrag zum Rechtschreibtraining.
Seien Sie gewiss: Einen so einstudierten Merksatz werden Ihre Schüler*innen nie wieder vergessen!

Varianten

Wenden Sie diese Aktion zum ersten Mal in einer Klasse an, können Sie zunächst klassische Gummitwist-Verse zum Hüpfen verwenden. Hier wird allerdings ursprünglich nicht nach Silben, sondern nach Wörtern gehüpft. Wenn Sie die Technik immer wieder im Unterricht einsetzen, werden die Schüler*innen zunehmend sicherer und zügiger in der Silbentrennung.
Wenn Sie die Übung schon häufiger angewendet haben, können Sie die Klasse auch selbst die zu hüpfenden Sätze aussuchen lassen.

Abb.: Norbert Höveler

Verben-Pantomime

Darum geht's

Grammatikunterricht mit Bewegung: Die Schüler*innen stellen Verben pantomimisch dar.

 Stift und Zettel

So geht's

Sammeln Sie zunächst im Plenum Verben und schreiben Sie jedes auf ein kleines Zettelchen. Das Sammeln der Wörter kann ohne weitere Vorgabe erfolgen. Teilen Sie die Klasse anschließend in zwei Gruppen auf. Abwechselnd wird aus jeder Gruppe jeweils eine Person ausgewählt, die einen Zettel zieht und den gezogenen Begriff vor der Klasse vorspielt. Beide Gruppen raten parallel. Welches Team errät das dargestellte Verb? Die schnellere Gruppe erhält einen Punkt.

Varianten

Diese Aktion kann sehr gut als Vorarbeit für den Aufsatzunterricht eingesetzt werden, indem bestimmte Oberbegriffe oder Situationen vorgegeben werden, wie z. B. im Bus, im Wartezimmer, mit allen Sinnen etc. ... Auch bietet sich diese Form der Wortschatzerweiterung bei der gezielten Wortfeldarbeit an (z. B. gehen: laufen, schlendern, schleichen, rennen, joggen etc. ...).

Vertrauens-Parcours

Darum geht's

Die Schüler*innen müssen genau beschreiben und sich in eine andere Person hineinversetzen.

 evtl. Augenbinden, Stoppuhr

So geht's

Die Klasse wird in zwei Gruppen aufgeteilt. Je ein*e Schüler*in pro Gruppe bekommt die Augen verbunden. Das Verbinden der Augen erfolgt auf freiwilliger Basis. Es ist auch möglich, die Aufgabe mit geschlossenen Augen zu absolvieren.
Die übrigen Mitschüler*innen bauen einen Stuhlparcours auf.
Nacheinander lotst ein*e Schüler*in von Gruppe A seine*ihre Mitschüler*in allein mittels Beschreibung durch den Parcours.
Im Anschluss wird ein*e Schüler*in aus Gruppe B durch den gleichen Parcours geschickt.
Soll ein*e Sieger*in ermittelt werden, kann jeweils die Zeit gestoppt werden. Im Anschluss wird der Parcours umgebaut und die nächsten beiden Schüler*innen sind an der Reihe.

Hinweis

Lassen Sie Ihre Klasse von den gesammelten Erfahrungen im Parcours berichten:
Wie hat es sich angefühlt, als sie sich nicht wie gewohnt auf den Sehsinn verlassen konnten?
Wie war es für die beschreibenden Personen? Fiel es ihnen leicht oder schwer, auf alle Details zu achten?

Mit Händen und Füßen

Darum geht's

Die Schüler*innen bestimmen die vier Fälle mittels Gesten.

So geht's

Legen Sie im Vorfeld für die vier Fälle jeweils Gesten fest (s. Beispiel), die für alle sichtbar notiert werden. Sie als Lehrkraft geben zuerst ein Wort vor (z. B. Haus) und bilden dann einen vollständigen Satz, in dem das Wort vorkommt. Auf das Stichwort „Los!" zeigen alle gleichzeitig die passende Geste.

Beispiel

Nominativ: beide Daumen hoch

Genitiv: Unterarme über Kreuz

Dativ: Arme senkrecht nach oben strecken

Akkusativ: beide Handrücken nach vorn

Hinweis

Je komplexer die ausgewählten Sätze sind, umso schwieriger wird die Aufgabe.

Variante

Denkbar sind neben den vier Fällen auch andere Themen (Wortarten bestimmen, Steigerung von Adjektiven ...), die mit Händen und Füßen spielerisch bestimmt werden können.

Körper-Alphabet

Darum geht's

Die einzelnen Buchstaben des Alphabets werden mit dem Körper nachgebildet.

 Stift und Papier für alle

So geht's

Jeweils ein Schülerpaar bekommt einen Buchstaben zugeteilt. Aufgabe ist es nun, diesen Buchstaben mit dem Körper allein oder paarweise nachzubilden. Die Partner*innen überlegen zunächst, wie sie ihren Buchstaben am besten darstellen könnten, und fertigen kleine Skizzen an.

Folgende Leitfragen können dabei helfen:

- ✗ Welche Körperteile (Arme, Beine) können verwendet werden?
- ✗ Wie fügen wir uns als Paar sinnvoll zu einem Buchstaben zusammen?

Die Schüler*innen können ihren Buchstaben im Stehen oder auch im Liegen zusammenbauen.
Den Abschluss bildet eine Präsentation der Kunstwerke auf freiwilliger Basis. Es bietet sich an, die einzelnen Buchstabengebilde dabei abzufotografieren. So können auch die Darsteller*innen ihre Ergebnisse ansehen.

Beispiel

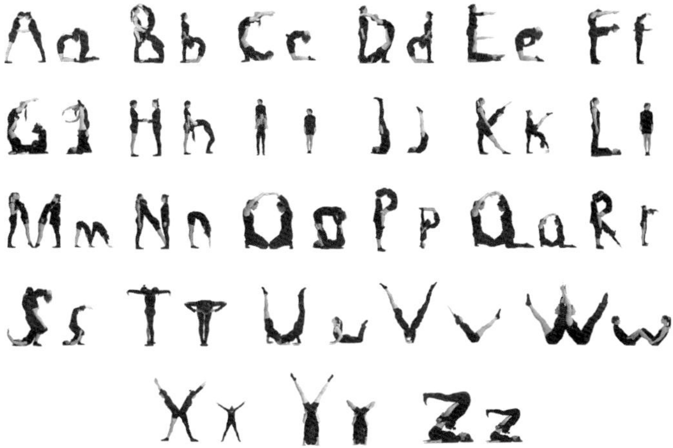

Hinweis

Es können auf diese Weise auch ganze Wörter dargestellt werden.

Finde das Paar!

Darum geht's

Gemeinsam mit den Schüler*innen wird ein Memospiel nach den Spielregeln des bekannten Spieleklassikers entwickelt.

 Zettel und Stifte

So geht's

Überlegen Sie sich im Vorfeld ein Thema, welches Sie mit diesem Spiel behandeln möchten. Die einzelnen Wortpaare können bunt gemischt oder auch auf ein Themengebiet beschränkt in Partnerarbeit gebildet werden (siehe Beispiele). Schreiben Sie alle Wortpaare auf einzelne Zettel. Suchen Sie zwei Personen aus, die gegeneinander spielen, und verteilen Sie an alle anderen die zuvor erstellten Zettel.
Eine Person beginnt und ruft nacheinander zwei Schüler*innen auf. Die zwei genannten Schüler*innen stehen auf und nennen ihren Begriff. Passen die genannten Begriffe zusammen, darf sich das Schülerpaar zu der ratenden Person stellen. Ein Spielzug dauert so lange, bis zwei Schüler*innen genannt werden, deren Begriffe nicht zusammenpassen.
Die Person, die am Ende die meisten Schülerpaare auf ihrer Seite stehen hat, hat gewonnen.

Beispiele

Die Arbeitsaufträge können wie folgt lauten:

1. Findet gegensätzliche Adjektivpaare (z. B. alt – jung).
2. Überlegt euch Fremdwörter mit den dazugehörigen Bedeutungen bzw. Übersetzungen (z. B. Feedback – Rückmeldung).
3. Findet Präpositionen und überlegt euch eine passende Handbewegung dazu (z. B. auf – der Zeigefinger der rechten Hand wird von unten nach oben bewegt).

40

Sprichwort-Puzzle

Darum geht's

Die Schüler*innen setzen sich mit den bekanntesten deutschen Sprichwörtern auseinander, indem sie die zerschnittenen Bestandteile verschiedener Sprichwörter wieder zusammenfügen.

Stifte und ausreichend Karteikarten, Büroklammern

So geht's

Sammeln Sie zunächst im Plenum Sprichwörter und notieren Sie sie für alle sichtbar. Wenn Sie ausreichend Sprichwörter gesammelt haben, weisen Sie immer zwei Schüler*innen ein Sprichwort zu und verteilen Sie die Karteikarten an alle. Jedes Schülerpaar notiert anschließend das zugeteilte Sprichwort auf den Karten, wobei pro Wort eine eigene Karte verwendet wird. Im Anschluss werden die Karten gemischt und mithilfe einer Büroklammer zu einem Bündel fixiert. Sammeln Sie die Bündel ein und verteilen Sie sie dann wieder an die Schülerpaare. Jedes Team muss sein erhaltenes Sprichwort wieder richtig zusammensetzen. Die zu Beginn angefertigte Sammlung von Sprichwörtern sollte dabei verdeckt werden bzw. kann als Hilfestellung dienen.

Über eine Suchmaschine im Internet können Sie umfangreiche Sammlungen an Sprichwörtern abrufen.

Variante

Der Schwierigkeitsgrad kann erhöht werden, indem mehrere Bündel und damit unterschiedliche Sprichwörter vermischt werden. Die Schüler*innen müssen dann nicht nur ein Sprichwort wieder zusammensetzen, sondern auch die Bestandteile verschiedener Sprichwörter auseinandersortieren.

Hinweis

Sprichwort oder Redewendung?
Redewendungen sind nur Fragmente, die flexibel in unterschiedliche Sätze und Formulierungen eingebaut werden können (z. B. die Flinte ins Korn werfen). Ein **Sprichwort** ist eine überlieferte Lebensweisheit in meist bildhafter Sprache und als vollständiger und abgeschlossener Satz formuliert (z. B.: Der frühe Vogel fängt den Wurm.).

Adjektiv-Gymnastik

Darum geht's

Die Steigerungsformen von Adjektiven werden spielerisch und mit Bewegung geübt.

So geht's

Die Schüler*innen stehen am Platz. Sie als Lehrkraft geben Sätze vor, die jeweils ein (gesteigertes) Adjektiv enthalten. Für jede Steigerungsstufe wird im Vorfeld gemeinsam eine Aktivität vereinbart, die auch für alle sichtbar notiert werden kann.
Wer behält ohne Knoten in den Armen den Überblick?

Beispiel

Mögliche Zeichen für die drei Komparationsstufen:

 *Positiv:* Arme locker nach unten hängen lassen

 *Komparativ:* einen Arm nach oben ausstrecken

 *Superlativ:* beide Arme nach oben ausstrecken

Wortspiele

Abb.: © abcmedia – stock.adobe.com

Silben-Bingo

Darum geht's

Die Schüler*innen erweitern ihren Wortschatz auf spielerische Art und Weise, indem sie Wörter aus vorgegebenen Silben bilden und damit Bingo spielen.

 Stift und Papier für alle

So geht's

Die Schüler*innen erstellen ein Spielfeld aus 4×4 (oder auch mehr) Feldern und befüllen es, passend zu von Ihnen vorgegebenen Silben (siehe Beispiel unten), beliebig mit Wörtern.
Nun nennen Sie eine Silbe und jede*r Schüler*in darf ein dazu passendes Wort markieren (Beispiel: Sie nennen die Vorsilbe „ab-" und ein*e Schüler*in hat dazu das Wort „abbauen" in seinem*ihrem Gitter notiert: Er*Sie darf „abbauen" ausstreichen.).
Hat eine Person alle Wörter diagonal, waagerecht oder horizontal markiert, ruft sie laut „Bingo!". Zur abschließenden Kontrolle sollte die Reihenfolge der genannten Silben an der Tafel bzw. am Whiteboard notiert werden.

Beispiele

Auswahl möglicher Silben:

Vorsilben für Verben: ver-, an-, ab- ...

Endungen für Nomen: -schaft, -ung, -nis ...

Endungen für Adjektive: -ig, -lich, -sam ...

Mögliches Gitter zu den vorgegebenen Endungen für Adjektive: „-lich“, „-bar“, „los“ und „-isch“:

harmonisch	kostbar	anhänglich	angeberisch
launisch	freundlich	verständnislos	hoffnungslos
logisch	wunderbar	panisch	nützlich
anwendbar	ausnahmslos	betrügerisch	fröhlich

Variante

Das Spiel kann begrenzt auf nur eine Wortart oder auch gemischt gespielt werden.

Streng verboten!

Darum geht's

Die Schüler*innen entwickeln (passend zu einem Unterrichtsinhalt) Wortkarten, um damit nach den Regeln des bekannten Spiels „TABU“ Begriffe zu erklären.

 Stift und Papier für alle

So geht's

Weisen Sie Ihre Schüler*innen an, ausgehend von einem übergeordneten Thema drei bis vier geeignete Wörter auszuwählen, die erklärt werden müssen. Dies soll in 2er-Teams geschehen. Dann überlegen sie sich pro Wort jeweils drei bis fünf Begriffe, die beim Erklären des Oberbegriffs nicht genannt werden dürfen. Je nach Zeitkontingent kann das Spiel im Anschluss ausprobiert werden. Es bietet sich an, die Klasse in zwei Teams aufzuteilen. Je ein*e Schüler*in erklärt seinem*ihrem Team einen Begriff. Ein Mitglied des anderen Teams kontrolliert dabei, ob auch wirklich keine „verbotenen“ Wörter verwendet werden. Soll ein Siegerteam gekürt werden, werden die richtig erratenen Begriffe in Punkte umgerechnet.

Beispiel

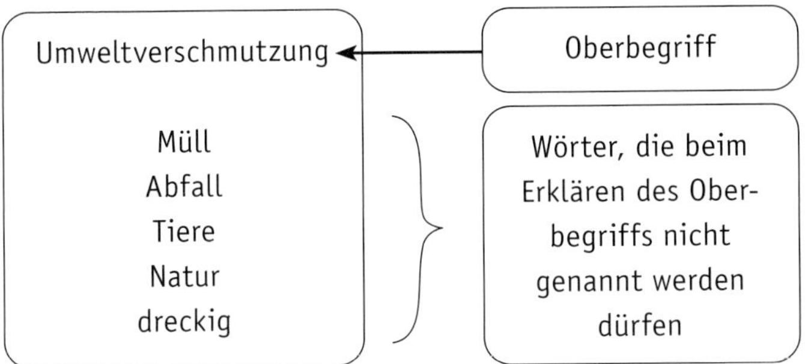

Hinweis

Tabukarten können im Unterricht auch erstellt werden, wenn Sie mit Texten arbeiten: Als Oberbegriffe können dann die Schlüsselwörter des Textes verwendet werden oder bei der Arbeit an einem Roman beispielsweise die Hauptfiguren.

Punkt, Punkt, Komma, Strich

Darum geht's

Der Spieleklassiker „Montagsmaler" wird zur Wortschatzerweiterung oder zur Vorentlastung von Texten eingesetzt.

 vorbereitete Karten mit Begriffen

So geht's

Teilen Sie Ihre Klasse in zwei Teams ein – diese treten im folgenden Spiel gegeneinander an.
Ein Teammitglied des ersten Teams zieht eine von Ihnen vorbereitete Karte und skizziert den Begriff ohne Zuhilfenahme von Sprache und Text. Beide Teams müssen das Wort gleichzeitig möglichst schnell erraten. Danach ist ein Teammitglied des zweiten Teams mit Zeichnen an der Reihe.
Als mögliche Begriffe bieten sich zusammengesetzte Wörter an. Das Spiel kann auch als Vorübung zur Textentlastung gespielt werden: Dazu können Sie (zusammengesetzte) Wörter, die in einem Text vorkommen, auswählen und den Schüler*innen zum Zeichnen vorgeben.

Varianten

Um im Schwierigkeitsgrad zu variieren, kann beim Erraten der Begriffe darauf geachtet werden, dass nicht nur das korrekte Wort, sondern auch der dazugehörige bestimmte Artikel und/oder die passende Singular- oder Pluralform genannt wird. Bei zusammengesetzten Wörtern können auch Grund- und Bestimmungswort sowie die dazu passenden Artikel und Pluralformen gebildet werden.

Wortgenerator

Darum geht's

Die Schüler*innen versuchen, möglichst viele neue Wörter aus einem vorgegebenen Wort zu bilden.

 Stift und Papier für alle

So geht's

Zunächst überlegt sich die Klasse gemeinsam ein möglichst langes Wort, mit dem gearbeitet wird. Aufgabe ist es nun, in Einzel- oder Teamarbeit mit den Buchstaben des vorgegebenen Wortes möglichst viele bzw. lange neue Wörter zu bilden. Wörter, die aus den Wortelementen gebildet werden könnten, werden nicht gewertet.

Beispiel

Schreibtischunterlage
Die Begriffe „schreiben", „Tisch" und „Unterlage" werden nicht gezählt.

Mögliche neue Wörter sind:
Reibe, turne, Schule, Biest, treiben, Schulter, schieben, Lunge, breit …

Gewonnen hat, ...
... wer das längste neue Wort findet.
... wer die meisten neuen Wörter findet.

Variante

Diese Aktion kann auch im Grammatikunterricht eingesetzt werden, wenn mit den Wortarten gearbeitet wird, indem für die neu kreierten Begriffe eine Wortart festgelegt wird (Nomen, Verben, Adjektive ...) oder aber, indem die Schüler*innen die Wortart ihrer neu gefundenen Begriffe bestimmen müssen.

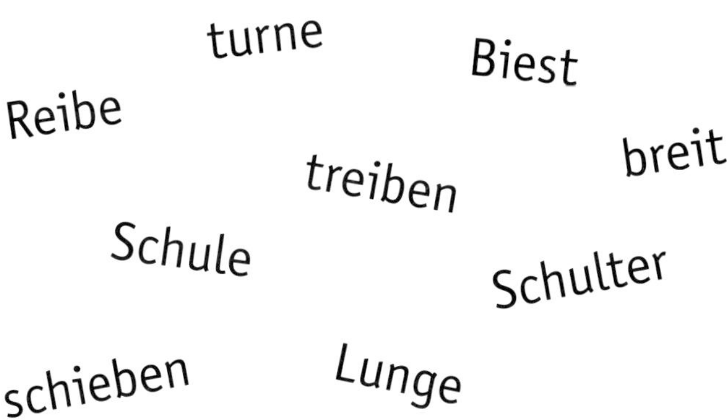

Von hinten wie von vorn

Darum geht's

Die Schüler*innen entwickeln ulkige Texte, die Palindrome beinhalten: Hier ist Kreativität gefragt!

Stift und Papier für alle, je ein internetfähiges Endgerät für zwei Schüler*innen

So geht's

Mit folgendem Rätsel können Sie zum Thema hinführen:
Otto mag Eis, Gefrorenes isst er nicht.
Otto mag den Uhu, die Eule mag er nicht.
Otto mag sein Kajak, in ein Boot setzt er sich nicht.
Was ist los mit Otto?

Lösung: Otto mag Palindrome, also Wörter, die von hinten gelesen genau denselben Text (Uhu ➔ Uhu) oder zumindest einen Sinn ergeben (Eis ➔ sie).

Sobald Ihre Schüler*innen den Palindromen auf die Spur gekommen sind, lassen Sie sie mithilfe einer Liste mit deutschen Palindromen, die Sie im Internet finden können, in Teamarbeit kurze Texte, die Palindrome beinhalten, entwickeln.

Sollte noch Zeit übrig sein, werden die erfundenen Texte vorgestellt und die verwendeten Palindrome entschlüsselt.

Beispiel

Otto und seine Freundin **Anna** gehen zur Eisdiele. „**Eis esse** ich gerne", sagt **Otto** zu ihr. **Ein Eis esse sie nie**, entgegnet **Anna.** „Schokoeis ist bei uns der **Renner**!", berichtet **Hannah**, die Eisverkäuferin, und **tut** eine Kugel in die Waffel.
„**Wow!** Das schmeckt lecker", sagt **Anna**,
nachdem **sie** es probiert hat.
Nun isst auch **Anna Eis**.

Finde das Kuckuckswort!

Darum geht's

Diese Aktion dient der Wortschatzerweiterung und wirkt sich positiv auf einen stilistisch korrekten und abwechslungsreichen Schreibstil aus.

 Stift und Papier für alle

So geht's

Lassen Sie Ihre Schüler*innen zunächst eine Auswahl von Wörtern erstellen, die inhaltlich oder formal zusammenpassen. Dabei haben Sie verschiedene Möglichkeiten:

- ✗ Lassen Sie die Lernenden Begriffe auswählen und dazu passende Synonyme finden, z. B.: gehen, laufen, spazieren, schlendern.
- ✗ Sie geben Oberbegriffe vor und die Schüler*innen notieren jeweils vier dazu passende Begriffe, z. B. zum Oberbegriff „Sommer": Sonne, Strand, Meer, Sandalen.
- ✗ Lassen Sie die Lernenden vier Wörter der gleichen Wortart notieren, z. B. Haustür, Esstisch, Fensterbrett, Regenschirm

Sobald eine ausreichend lange Liste erstellt ist, wird jeweils ein unpassendes Wort aufgenommen. Die Schüler*innen tauschen ihre Listen untereinander und finden das unpassende Wort mit kurzer Begründung heraus.

Beispiele

- ✗ gehen, laufen, spazieren, schlendern, **sitzen**
  Begründung: „sitzen" ist keine Fortbewegungsmöglichkeit.
- ✗ Sonne, Strand, Meer, Sandalen, **Blätter**
  Begründung: „Blätter" haben die Bäume auch schon im Frühling und noch im Herbst.
- ✗ Haustür, Esstisch, Fensterbrett, Regenschirm, **schlafen**
  Begründung: „schlafen" ist kein Nomen.

→ Jeweils das letzte Wort ist das Kuckuckswort.

48

Mein Lieblingswort des Jahres

Darum geht's

In Anlehnung an das jährlich gekürte „(Un-)Wort des Jahres" setzen sich die Schüler*innen kreativ mit ihrem Lieblingswort auseinander und experimentieren mit Sprache und Schrift.

 Stift und Papier für alle

So geht's

Jede*r Schüler*in wählt ein Lieblingswort aus und gestaltet es auf einem Schmuckblatt unter folgenden Fragestellungen:

- ✗ Welche Schrift passt gut zum Wort?
- ✗ Gibt es ein passendes Muster für die Gestaltung der einzelnen Buchstaben?
- ✗ In welcher Farbe könnte(n) das Wort/die einzelnen Buchstaben gestaltet werden?

Hinweis

Es ist spannend, nach welchen Kriterien die Schüler*innen ihr Lieblingswort auswählen.
In höheren Jahrgangsstufen kann in diesem Zusammenhang auch darauf eingegangen werden, warum überhaupt „Wort" und „Unwort des Jahres" gewählt werden.

Buchstabenspiele

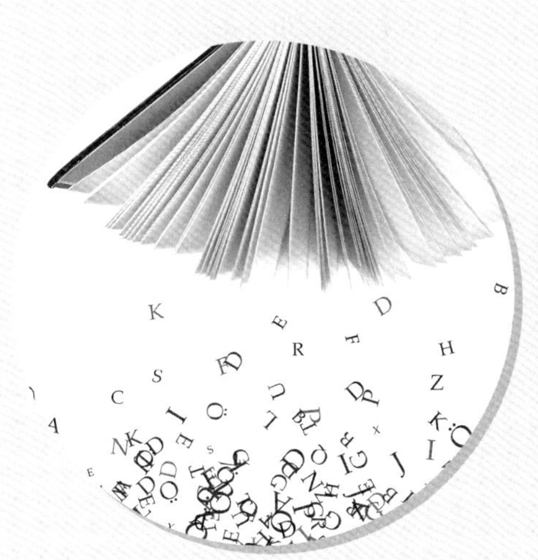

Buchstabensalat

Darum geht's

Aufgabe ist es, Wörter zunächst durcheinanderzuschütteln, um sie dann wieder in die richtige Reihenfolge zu bringen.

 Stift und Papier für alle

So geht's

Geben Sie einen Oberbegriff vor (beliebig oder zum Thema des Unterrichts passend).
Die Klasse findet sich in 2er-Teams zusammen und jedes Team sammelt passende Begriffe. Je nach verfügbarer Zeit sollten es nicht mehr als zehn Begriffe sein.
Im Anschluss sollen die einzelnen Wörter in ihre Buchstaben zerlegt und durcheinandergeschüttelt notiert werden.
Jetzt werden die Zettel unter den 2er-Teams ausgetauscht und die notierten Schüttelwörter müssen wieder in die richtige Reihenfolge gebracht werden. Welches Team löst die Aufgabe am schnellsten?

Beispiel

Oberbegriff: Natur

BULMNEIWEES	Blumenwiese
WÖLEZHNNA	Löwenzahn
EBCRHULPEE	Becherlupe

Hinweis

Diese Aktion können Sie auch gut bei der Textarbeit einsetzen, indem die Schlüsselbegriffe eines Textes geschüttelt werden.

Alphabet-Geschichten

Darum geht's

Ganz frei entstehen Geschichten, wobei jeweils nur der Buchstabe für das nächste Wort vorgegeben ist.

So geht's

Die Schüler*innen finden sich in 2er-Teams zusammen. Jedes Team bekommt die Aufgabe, eine kurze Geschichte zu erfinden. Person A beginnt, nennt ein Wort und dann einen Buchstaben, mit dem das Wort von Person B beginnen soll.

Beispiel

Person A nennt das Wort „Der" und den Buchstaben **„H"**.
Person B sagt: „Der **H**und", und nennt den Buchstaben **„T"**.
Person A sagt: „Der Hund **t**rinkt", und nennt den Buchstaben **„M"** usw.
So kann Schritt für Schritt eine ganze Geschichte entstehen. Wichtig ist, dass die genannten Wörter jeweils grammatikalisch zur Satzstruktur passen. Inhaltlich kann die Geschichte auch witzig und unsinnig sein.

Ob die bereits genannten Wörter immer wieder mit aufgezählt werden, kann situativ entschieden werden. Satz für Satz macht eine Aufzählung eventuell Sinn. Wird die Geschichte zu lang bzw. ist der Ablauf klar, müssen die bereits gefundenen Begriffe nicht noch einmal genannt werden.

Variante

Die Aktion kann auch im Klassenverband durchgeführt werden. Sie geben den ersten Buchstaben vor und rufen eine*n Schüler*in auf. Diese*r nennt ein passendes Wort, ruft die nächste Person auf und gibt gleichzeitig einen weiteren Buchstaben vor.

Abb.: © Master1305 – Shutterstock.com

Geheimschrift

Darum geht's

Die Schüler*innen entwickeln eine eigene Geheimschrift und übersetzen damit ganze Wörter.

Stift und Papier für alle

So geht's

Notieren Sie das Alphabet gut sichtbar für alle und mit genügend Platz neben den einzelnen Buchstaben. Jetzt darf sich jede*r Schüler*in der Reihe nach zu je einem Buchstaben einen neuen Buchstaben in Form eines selbst ausgedachten Symbols überlegen. Sollte die Klasse mehr als 26 Schüler*innen umfassen, können auch die Umlaute mit in die Liste aufgenommen werden. Bei weniger als 25 Schüler*innen dürfen einige Schüler*innen für die übrigen Buchstaben ein zweites Mal ein Symbol notieren. Ist das Alphabet umgeschrieben, werden schließlich ganze Wörter in die neue Klassen-Geheimschrift übersetzt.
Können die Mitschüler*innen die Wörter entziffern?

Beispiele

Um den Schüler*innen bei der Entwicklung der eigenen Schriftzeichen Ideen an die Hand zu geben, können Sie eine Auswahl folgender Schriftarten vorstellen: Brailleschrift, Symbole aus Wingdings/Webdings, Runenschrift etc.

Hinweis

Die verwendeten Wörter können frei gewählt oder auch thematisch in das Unterrichtsthema eingebettet sein. Bewahren Sie das entwickelte Klassenalphabet auf. So können Sie zu einem späteren Zeitpunkt auf das Abc zurückgreifen und es in Ihren Unterricht integrieren.

Variante

Je nach Zeitkontingent kann auch jede*r Schüler*in ein eigenes Alphabet entwickeln und ein, zwei Wörter in dieser Schrift verfassen. Dann werden Alphabet und Wörter mit der Person am Nebentisch ausgetauscht und entziffert.

3D-Buchstaben-Puzzle

Darum geht's

Mit den (Anfangs-)Buchstaben der (Vor-)Namen der Mitschüler*innen werden Wörter entwickelt.

So geht's

Spielfeld ist das Klassenzimmer. Die Klasse wird in zwei Gruppen aufgeteilt. Gruppe 1 bildet ein erstes Wort; zur Verfügung stehen dabei die Anfangsbuchstaben der Vornamen aller Schüler*innen dieser Gruppe. Gruppe 2 versucht, ein weiteres Wort nach gleichen Regeln mit den Namen der eigenen Gruppe zu bilden und an einen Buchstaben aus dem ersten Wort anzuhängen. Die einzelnen Wörter werden, vertreten durch die entsprechenden Schüler*innen, deren Vornamen die Buchstaben liefern, aufgestellt.
Je nach Bedarf können auch die Anfangsbuchstaben der Nachnamen verwendet werden.

Beispiel

Gruppe 1 besteht aus **M**ilena, **G**reta, Ibrahim, **A**nna, **N**ihat, Steffi, Luise, Katharina und **E**milia.

Gruppe 2 besteht aus Julia, Ben, **I**rina, Amira, Hannah, Viktor, **S**tefan und Nora.

Wörter, die somit gebildet werden können:

1 ▼ **M A G E N**

2 ▶ **E I S**

Rückwärts-Olympiade

Darum geht's

Das Alphabet, Wörter oder ganze Texte werden rückwärts aufgesagt bzw. gelesen.

je nach gewählter Variante Tafel/Whiteboard, Kreide/Whiteboard-Marker, Lesebuch oder Zeitungsartikel

So geht's

Diese Übung kann in drei aufeinander aufbauenden Varianten durchgeführt werden:

- ✗ Die Schüler*innen sagen das Alphabet von hinten auf: Es kann dabei ein beliebiger Buchstabe aus der Mitte des Abcs ausgewählt werden, von dem aus dann der Rest rückwärts aufgesagt wird (von einem*einer Schüler*in oder von mehreren Lernenden der Reihe nach).
- ✗ Wählen Sie ein beliebiges Wort aus: Ein*e Schüler*in buchstabiert es aus dem Kopf rückwärts. Notieren Sie die einzelnen Buchstaben von hinten nach vorn mit. So sollte am Ende das korrekte Wort an der Tafel/am Whiteboard stehen.
- ✗ Wählen Sie einen kurzen Text (eventuell aus dem Lesebuch) oder einen Zeitungsartikel aus. Die Lernenden lesen die Sätze der Reihe nach Zeile für Zeile von rechts nach links.

Hinweis

Hätten Sie es gewusst? Das Rückwärtslesen von Texten ist eine geeignete Methode zur Texterschließung: So können ganz bewusst Schlüsselbegriffe herausgepickt werden. Beim „normalen" Lesen werden diese durch den automatisierten Leseprozess oft überlesen. Probieren Sie es aus!

Varianten

Die verschiedenen Bausteine dieser Aktion können beliebig kombiniert, variiert und mithilfe einer Stoppuhr auch zu einem kleinen Wettbewerb ausgebaut werden. Als Einstimmung auf das Thema „Rückwärts lesen" können die Schüler*innen zunächst versuchen, den eigenen Vor- und Nachnamen rückwärts aufzusagen bzw. zu notieren.

edaipmylO-sträwkcüR

54

Von A bis Z

Darum geht's

Die Schüler*innen erfinden fantasievolle Sätze, wobei jedes Wort mit dem gleichen Anfangsbuchstaben beginnen muss.

 Stift und Papier für alle

So geht's

Die Aktion wird in 2er-Teams durchgeführt. Eine Person beginnt, das Alphabet leise aufzusagen. Die andere Person stoppt an beliebiger Stelle. Der entsprechende Buchstabe wird laut genannt und die Teams überlegen sich, passend dazu, einen vollständigen und grammatikalisch richtigen Satz, wobei alle Wörter mit dem gleichen Anfangsbuchstaben beginnen müssen. Welches Team erfindet am schnellsten den lustigsten und/oder längsten Satz?

„Am Anfang arbeitet Allan allein."

Konzentration & Knobelei

Ich packe meinen Koffer

Darum geht's

So macht Lernen Spaß: Der beliebte Spieleklassiker „Ich packe meinen Koffer" kann in vielen Variationen als flexibler Lückenfüller im Deutschunterricht eingesetzt werden.

So geht's

Die Spielregeln sind für alle Varianten gleich: Jede*r Schüler*in sagt reihum, was er*sie in den Koffer packen möchte. Damit auch nichts vergessen wird, muss die nächste Person, die an der Reihe ist, die Gegenstände der Vorgänger*innen in der richtigen Reihenfolge wiederholen und anschließend einen neuen Gegenstand hinzufügen.

Hinweis

Diese Übung ist auch gut einsatzbar im Förderunterricht oder für den DaF- bzw. DaZ-Unterricht. So kann auf spielerische Weise der Alltagswortschatz trainiert und erweitert werden.
Als Bewegungspause zwischendurch können Sie den Koffer auch mit Sportübungen vollpacken. Diese werden nicht nur genannt, sondern auch durchgeführt.
Beispiel: Ich packe meinen Koffer und nehme mit: fünf Hampelmänner, drei Kniebeugen …

Varianten

Wortfeldarbeit:
Ich gehe in den Supermarkt und kaufe: eine Birne, Brot etc.

Grammatik- und Rechtschreibunterricht:
Ich packe meinen Koffer und nehme mit: ... (Wörter mit vorgegebenen Buchstaben, zusammengesetzte Wörter, Verben im Präteritum, Wörter mit bestimmter Silben- oder Buchstabenzahl).

Literatur und Textarbeit:
Ich gehe in die Bücherei und leihe aus: das Buch mit dem Titel ...
Ich packe meinen Koffer und nehme mit: ... (Schlüsselwörter oder Hauptpersonen aus einem Buch bzw. Text)

56

Wörter versenken

Darum geht's

Wer hat zuerst alle Begriffe ausgestrichen?

 Stift und Papier für alle

So geht's

Geben Sie ein Thema vor (geeignet wären z. B. Fachbegriffe aus der Grammatik, Fakten aus der Literaturgeschichte, Themen oder Personen eines Buches, Themen aus dem aktuellen Tagesgeschehen etc.).
Jede*r Schüler*in notiert spontan fünf Begriffe, die zum Oberbegriff passen. Ein*e Schüler*in (oder auch die Lehrkraft) nennt Stichwörter, die zum vorgegebenen Begriff passen. Befindet sich der genannte Begriff in der Sammlung, darf das Wort ausgestrichen werden. Hat ein*e Schüler*in alle fünf Wörter durchgestrichen, ruft er*sie: „Versenkt!"

Zauberschrift

Darum geht's

Die Schüler*innen verfremden Sätze und entschlüsseln diese anschließend wieder.

 Stift und Papier für alle

So geht's

Die Schüler*innen überlegen sich einen Satz und notieren ihn ohne Vokale und Umlaute auf einem Zettel. Die Zettel werden eingesammelt und in der Klasse verteilt. Wer kann den zugelosten Satz korrekt und fehlerfrei vorlesen?

Variante

Sie können auch Sätze (beispielsweise aus einem Text, der gerade im Unterricht bearbeitet wird) vorgeben und auf diese Weise verfremden.
Wer findet den dazu passenden Satz aus dem Originaltext am schnellsten?

Rebus-Rätsel

Darum geht's

Bilderrätsel werden gelöst und/oder selbst erstellt:
Um die Ecke denken ist ausdrücklich erwünscht!

Stift und Papier für alle, je ein internetfähiges Endgerät für zwei Schüler*innen

So geht's

Als Einstieg in das Thema „Bilderrätsel" können Sie Ihren Schüler*innen ein Rebus-Rätsel zum Lösen vorgeben.
Viele Schüler*innen werden das Prinzip bereits kennen.
Im Anschluss erstellen die Lernenden selbst ein Bilderrätsel.
Wenn Sie in einer Suchmaschine im Internet die Stichworte „Rebus online erstellen" eingeben, finden Sie verschiedene Internetseiten, die Ihre Schüler*innen kostenlos dafür nutzen können. Auf einigen Seiten können einzelne Lösungswörter und sogar ganze Sätze eingegeben werden, die dann per Mausklick automatisch in ein Bilderrätsel umgewandelt werden.
In 2er-Teams werden die Rebusse zunächst erstellt und dann ausgetauscht und gelöst.

Variante

Wer Lust hat und es sich zutraut, kann auch probieren, ein Bilderrätsel komplett eigenständig zu entwickeln. Ausgehend vom Lösungswort werden passende Begriffe gesucht und entweder nur notiert oder auch gezeichnet.

Beispiel

BERG + FLEISCH
B=V F (durchgestrichen)
S (durchgestrichen)

ODER

\+ =
B = V G (durchgestrichen)

Die Lösung lautet jeweils: Vergleich

Abb.: Norbert Höveler

Der „Dinge-Trick“

Darum geht's

Die Schüler*innen lernen mithilfe des „Dinge-Tricks“ einen (kurzen) Text auswendig.

 unterschiedliche Gegenstände, geeignete Texte

So geht's

Überlegen Sie sich im Vorfeld, welche Texte für Ihre Schüler*innen geeignet sein können, und stellen Sie sie ihnen zur Verfügung.
Nun sollen kleine Gegenstände gesucht werden, die die Schüler*innen mit Stichwörtern aus dem Text in Verbindung bringen. Wenn für alle Zeilen Gegenstände gefunden wurden, prägen sich die Schüler*innen den Text mithilfe der ausgesuchten Gegenstände ein.
Je nach Zeitkontingent können einige Schüler*innen den Text auf freiwilliger Basis vor der Klasse aufsagen und die verwendeten Hilfsmittel vorstellen.

Beispiel

„Sehnsucht" (1834) von Joseph von Eichendorff
(erste Strophe)

Es schienen so golden die Sterne,	etwas Gelbes/Stift
Am Fenster ich einsam stand	etwas Viereckiges/ Blatt
Und hörte aus weiter Ferne	
Ein Posthorn im stillen Land.	etwas Lautes/Handy
Das Herz mir im Leib entbrennte,	etwas Rotes/ Radiergummi
Da hab' ich mir heimlich gedacht:	
Ach, wer da mitreisen könnte	Busticket/ Fahrausweis/Atlas
In der prächtigen Sommernacht!	etwas Glänzendes/ Münze

aus: Werke, Hanser Verlag, München 1972.

Hinweis

Diese Strategie zum Auswendiglernen kann auch auf andere Lerninhalte übertragen werden.
Das Praktische an dieser Lernstrategie: Wenn die ausgewählten Gegenstände in die Hosentasche passen, kann der*die Schüler*in beim Vortragen in die Tasche greifen und sich so schnell an die einzelnen Signalwörter erinnern.

60

Die meisten Treffer

Darum geht's

Die Schüler*innen erweitern einen Begriff sinnvoll und versuchen dadurch, die meisten Treffer bei der Eingabe dieses Begriffs in einer Internetsuchmaschine zu erzielen.

je ein internetfähiges Endgerät für zwei Schüler*innen

So geht's

Sie geben einen beliebigen Begriff vor, der von den Schüler*innen um mindestens drei Buchstaben grammatikalisch richtig und sinnvoll erweitert werden muss.
Jetzt wird der Begriff in eine Internetsuchmaschine eingegeben. Welches Team erzielt mit seiner Wortschöpfung die meisten Treffer?

Beispiel

Sommer

- ✗ Sommeranfang (3.960.000 Treffer)
- ✗ Sommerferien (54.200.000 Treffer)
- ✗ Sommerkleid (6.850.000 Treffer)

Hinweis

Deaktivieren Sie im Internetbrowser die automatische Vervollständigung der Suchanfragen, damit gewährleistet ist, dass die Schüler*innen eigene Ideen umsetzen.

Notizen